インプレスR&D [NextPublishing]

New Thinking and New Ways
E-Book / Print Book

くぼたつ式思考カード54 ライフスタイル編

久保田 達也 著

今日から始めるアイディア発想型生活術

24時間、身の回りのすべてが
ひらめきの源泉だ！

はじめに

『くぼたつ式思考カード54 ライフスタイル編』は、0から1をひらめくヒントを生活の中に発見する方法をまとめたものである。初刊『くぼたつ式思考カード54』は思考のノウハウを紹介したが、シリーズ2作目となる本書では生活の中から思考の素となるひらめきを生み出す方法を解説した。新しいことは、弓道で弓に矢をしかけて的を射るように、ひらめきという矢を思考方法という弓で目的に向けて撃ち放つことで生み出されるからだ。

アイディアを出すことも、それも形にすることも実はそれほど難しくはない。成功者は誰しも日常生活の中から大なり小なりひらめきを生み出し、多種多様な思考方法でそれを加工することから画期的なビジネスや商品を実現しただけなのだ。企画やイノベーションは、ごく普通の生活の中からひょんなことで生まれでた小さなひらめきを最適なノウハウで実現した結果にすぎない。

ひらめきを得るためには生活環境のあらゆるものに興味を持つことが重要だ。ひらめきを生むためには、物事を面白く見て取れる知的好奇心、活発に活動するひらめき脳、ワクワク気分を高揚させる人間力、思考するための体力も必要である。本書には身近な物事を題材に、その精進の方法も解説した。毎日何気なく送っている生活に、ほんの少し工夫を凝らすだけで誰でも無理なく自分独自のひらめきを生み出すことができるようになる。新規ビジネスやイノベーションはひらめきが命だ。皆さんがひらめきのタネを次々と発見し、ありとあらゆる思考方法を試して自分自身の思考生活を充実させ、新しい物事を世に提供し続けていただきたいと願うばかりである。

2017年2月

久保田 達也（くぼたつ）

目次

第1章

発想する生活を始めるカード

考える行為は、生活そのものと切り離せない。日頃から生活を整え、体をメインテナンスし、五感を研ぎ澄ませておくことが頭で考える力を鍛える。6枚のカードから、思考型ライフスタイルの基本的な心構えを知ろう。

01　0から1

1から100を考えても価値がない
0から1を考えよ
ヒントは日常生活にある

誰かが作り上げたもの（＝1）をアレンジしても誰もができる同じようなもの（＝2〜100）しか作れず、それに価値はない。1を100にするなどマニュアルどおりにやればできることは人工知能がやってしまう時代がもうすぐくる。だから誰も考えなかったことを考える。今までになかったこと、まだこの世にない1を創出することに人間の存在価値がある。その1を考えるヒントは自分の生活にある。

02　考える力

身一つで考えよ

心、体、頭で考えよ

デジタル、ネットワークなしで考えよ

「考える」とは、独りの作業である。ただひたすら自分の頭だけでどんどん考え続ければいいだけである。ものに頼らず、指導に頼らず、参考書籍やネット情報に頼らず、自分の心と体、頭で感じたことから、ひたすら黙して自由に創造すればいいのである。ソーシャルメディアに聞けば教えてもらえるような情報からは創造できないと心得よう。

03　生活空間

室内、野外など空間で考えよ
家具、文房具など道具を使って考えよ
服、時計など身につけるもので考えよ

机の前に座って考えても新しいアイディアは出てこない。住んでいる家や部屋などの生活空間、朝昼晩の食事、通勤通学時に見る光景などから思いつくものだ。シャワーを浴びてリフレッシュしたり、ソファでくつろいでぼーっとしたりするとき。愛用の筆記具で執筆したり、スケッチブックに絵を描いたりしながらイメージを浮かばせるとき。その日選んだ洋服や時計をふと見た瞬間。ヒントが満ち満ちている生活そのもの中にヒントを探そう。

04　24時間サイクル

24時間で新陳代謝
1日ごとに思考の断捨離
頭・心・体をリセットせよ

24時間サイクルを意識しよう。明日以降のために「とりあえずとっておこう、ためておこう」と考えるのは止める。次の日にひらめきを生むためには、余計なものを捨ててすっきり寝ること。良い考えは生活行動から生まれる。

05　創意工夫

生活を工夫すると身も心も脳も喜ぶ
生活に好奇心を持つとたくさんの発見がある
生活を楽しくする努力が考える力を鍛える

何気なく生活している中にちょっとした習慣を取り入れて、ワクワクしながら考える。日常ありふれたことでも好奇心を持って観察すると興味が湧き、次々といろいろなことを発見できる。生活空間、生活スタイルを創意工夫して楽しむことは新しいものを生み出す起爆剤となる。

06　五感

太陽を浴びながら五感を研ぎすませ
五感情報を信じよ
五感に響くアイディアを出せ

生活の中にあるヒントを発見するのは自分の五感である。五感は磨けば磨くほど新しい発見をもたらしてくれる。朝一番に窓を開け、太陽を浴びて目の前にあるものに目を凝らし、耳を澄ませて鳥のさえずりや風の音を聴く。空気に漂う香りを嗅ぎ、手で顔を手でこすったり、体をたたいたりして五感を研ぎ澄まそう。五感を信じてあげると、その日の生活、仕事、遊びの中にそれまで気づかなかった発見ができる。

第2章

住処で発想するカード

自宅にあるもの、自宅ですることに工夫を凝らし、自宅で過ごす時間を充実させることは思考型の生活に欠かせない。究極的にリラックスできる場所や時間も確保しておきたい。そのヒントを15枚のカードで紹介する。

07　ベッド

ベッドの中で妄想せよ
起きしなのシータ波で空想せよ
ベッドの中で今日1日をイメージせよ

ベッドの中は心の赴くままに妄想していられる守られた思考空間である。朝の起きしなは、半分夢うつつながらも制約に縛られずに自由に連想できるシータ波が出やすく、画期的なイマジネーションが湧くことが多い。ふとんの中で今日1日どんなことをやり、どんな場所に行き、どんな人と会うかを脳裏に浮かべよう。積極的に楽しい1日を想像しながらその日を始めれば、楽しい発見や考えが生まれる。もちろん前日の快眠が前提だ。

08　ソファ

ソファでぼーっとせよ
くつろげば頭の中が整理される
毎日５分×2回、ぼーっとせよ

ソファにゆったりと座って脱力しながらぼーっとする。くつろぐと頭の中が整理される。毎日、ベッドの中で考えてワクワクしたことを起きてソファに移動してからスケッチブックに描いていく。寝る前は絵日記。今日やったことを描く（できなかったことは描かない）。朝晩の2回、ソファでぼーっとする独りの時間を死守しよう。

09　クローゼット

今日をイメージして洋服を選べ
今日の予定、目標、場面、相手に合わせて選べ
1年で365回の演出思考訓練になる

クローゼットの前に立ち、今日1日の行動をイメージしながら洋服を選ぶ。どんな人とどんな場面で何をするのか、どんな行動をしてどんなところに行くのか、自分は何をしたくてどう行動するのか。そこまで想定して服を着ることが脚本力と演出力を育てる。1年間に365回、自分の行動をイメージしながら服を選び、身にまとえば、365本の脚本を創造することになる。

10　ドア

体を鍛えれば思考力も上がる
ドアを出入りするごとに筋トレせよ
1日30回、1か月で1万回の筋トレになる

ものを考えるには体力が必要だ。しかし体力作りのトレーニングはなかなか続けられない。だから毎日必ずやる簡単な筋トレを決めておくといい。たとえば、ドアを1回出入りするたびに一瞬、他人がわからない程度に全身の筋肉をぎゅっと締めるなど、自分なりに決めておく。ドアの出入りは、毎日30回はするので1か月で900回、1年間で1万回の筋トレをすることになる。

11　ゴミ箱

身軽になって自由に発想せよ
ゴミ箱が空間を保つ
自由な思考空間を保て

オフィスや会議室ではなく広い空間が、イメージが湧く環境だ。その快適思考空間を維持するためには、いらないものを捨てるためのゴミ箱が必須だ。頭の中も同じで、雑念に囚われていると自由で大らかな発想ができない。雑念は紙に書いて丸めてゴミ箱に捨ててしまおう。

12　新聞

全記事を斜め読みせよ
明日の記事を仮想しながら読め
見出しの大小に注目せよ

紙の新聞は、見たい情報でない記事も目に入ってくる。見出しの大小も情報だ。ニュースの全記事を斜め読みして世間で何が起きているかを知っておこう。明日はどうなるだろうかと予測を立てながら読もう。翌日の新聞記事を読んで当たっていれば自信がつく。外れていたらなぜかを考えよう。1年間で365回、明日を読む洞察力をゲーム感覚で鍛えられる。

13　ラジオ

ながらで耳情報を得る

耳学問が参考になる

言語情報がイメージ力を伸ばす

デスクワークをしているときでも耳は空いているから、「ながら」でラジオを聞けば耳学問で情報を得られる。ニュース、一般情報、専門情報などの雑学は、ふとした折に考えるための参考になる。耳から入ってくる言葉は、聞きながら頭の中でその映像を描くことになるので、イマジネーション力を伸ばせる。音楽を聴きながら考えることも思考に広がりをもたらす。

14　テレビ

動画を作る側になって観よ
出演する側になって観よ
CMを考える側になって観よ

動画やテレビは制作側に立って観よう。視聴者がどんな人なのか、どんなことに関心があるのか、どう演出すると喜んでくれるか、知恵を働かせて推測する。また、出演する側のアナウンサー、タレント、俳優になったつもりで観ると、自分以外の人の考え方、ものの捉え方がわかってくる。CMは企画する側で観よう。誰に何を売るためにどう15秒の映像を表現しようとしているかを見抜き、シナリオ制作能力、映像表現力をつけよう。

15　カゴ

アイディアメモをカゴに貯めよ
帰宅したらポイっと入れておけ
たまに床に広げてみろ

アイディアメモは、手帳や引き出しの中にしまうと二度と見ない。再利用することを念頭に置いて整理しよう。たとえば、玄関にアイディアメモ専用のカゴを置いておき、そこに貯める習慣をつける。毎月1回メモを床に広げて眺めると、自分がどんなことに関心があり、どんなアイディアをよく出すかがわかるようになる。アイディアメモをいろいろ組み合わせて仕事や生活に生かし、将来計画や事業計画の筋書きを創り出そう。

16　シャワー

水浴びで心身を浄化
邪念を洗い落とせ
シャワーを浴びながら瞑想せよ

シャワーを浴びれば、肉体的にリフレッシュできる。心のわだかまりが洗い流されるかのように、気持ちもリフレッシュされ、ブレイクスルーできる。アイディアは、体と心に力が入っていないときに出てくる。滝に打たれる修行僧のような気持ちで、シャワーを浴びてみよう。

17　風呂

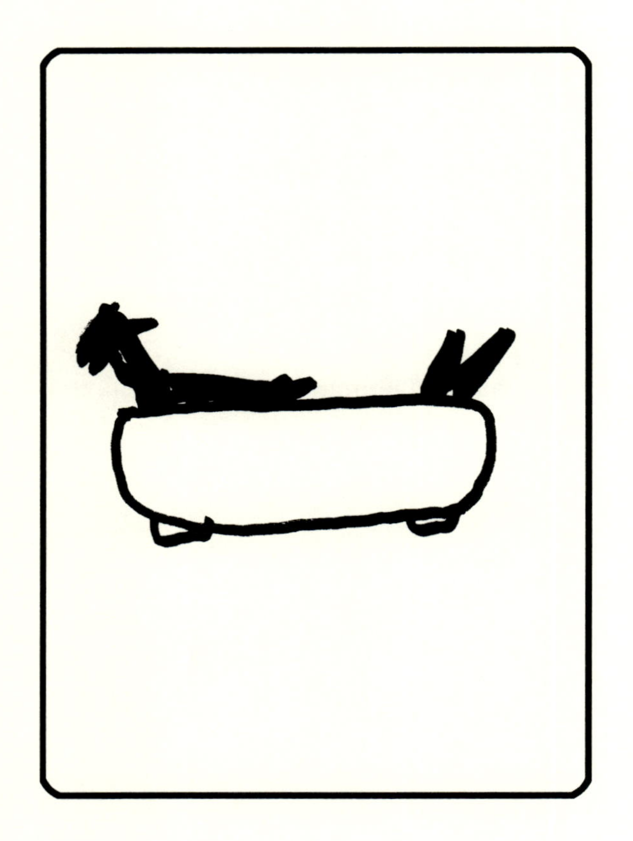

風呂でがんばった心身をいたわれ 血流がよいと脳にも血が回る 多くの酸素を脳に供給しよう

体と同じで、脳もがんばった分だけ休ませよう。お風呂は心身を温め、癒してくれるものだ。考えるテンションを上げるには、心身ともに、いったんすべてをオフにする。この強弱をうまく生活の中に取り入れることができると、瞬発的に強烈なアイディア力を出すリズムが生まれる。

18　トイレ

トイレに入ったら瞑想タイム
ゆっくり呼吸
体を緩めてリセットさせよ

トイレに入ったら下腹を使って長く息を吐き、呼吸法で心身を整えよう。腹式呼吸は全身に気を巡らせる。腹を手でさすって、体調を確認してみる。気になるところ、こっているところを見つけたら、手で揉みほぐそう。

19　朝食

エネルギーは朝食で取れ
品数多めを心がけよ
どんなに忙しくても何か口に入れて出かけろ

その日のエネルギーを朝食で取ろう。朝から爽快に物事を考えられる。朝のフルーツは金。バランスの良い和食。無理なく10品目を10回噛む。どんなに忙しくても何か口に入れて出かけるようにするだけで1日の元気は違う。

20　珈琲

時間をかけて珈琲（紅茶、抹茶など）を淹れよ
珈琲タイムは何も考えないと決めておく
珈琲タイムは無の境地に

朝せわしなく出かけるようなライフスタイルでは、落ち着いてものを考える思考型の仕事はできない。少し早起きして時間をかけて珈琲を淹れることで朝型のリズムを保とう。珈琲を淹れているとき、珈琲を飲んでいるときは何も考えないと決めておくと、焦っているときでも珈琲を飲めば落ち着きを取り戻すことができるようになる。

21　フレグランス

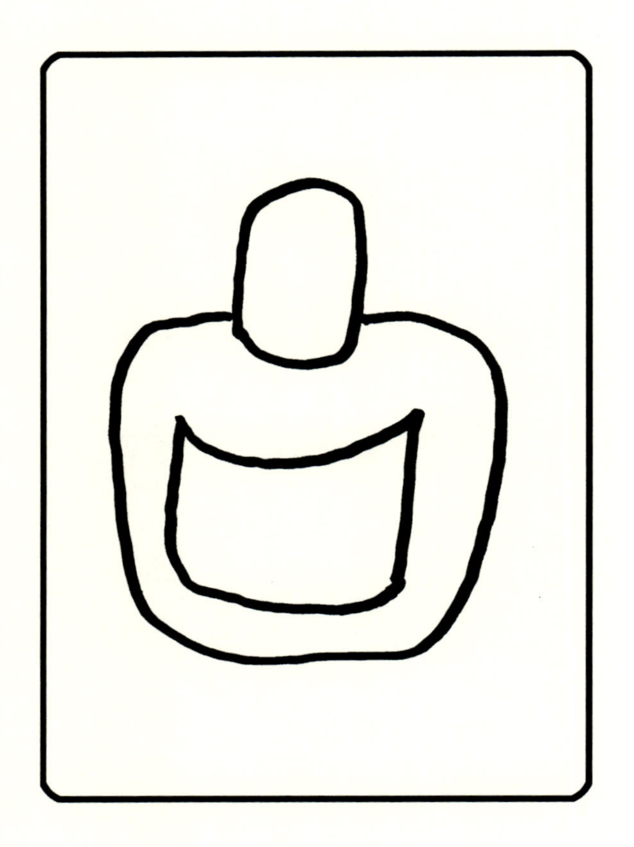

香りでリラックスせよ
香りで気分を切り替えよ
香りで雰囲気を作り出せ

香りの効果は絶大で、気持ちを一新させるほか、環境に合わせて自分を演出する効果がある。嗅覚は感性を司る五感の1つで、香りは原始的な脳の根幹に影響を与える力がある。香りで、匂いを感じ取る脳の機能を目覚めさせよう。人間の生命の根源に近いところにある考えを呼び覚ましてくれる。

第3章

野外で発想するカード

家から出たら、積極的に動き、観察し、発見することに努めよう。そこで得られたヒントから考え、思いついたことは外にいてもすぐに書きとめたり、形にしたりできるツールも常に持ち歩いておこう。

22　駅

通勤群衆を見て自分の存在を再確認せよ

自分にしかできないことは何か

自分にしかできない今日の仕事を考えよ

朝、通勤するときに駅に入ると、大勢の人たちが一方向に向かっているのを目にする。そんな通勤する人々を眺め、自分の存在意義は何なのだろうと考えよう。みんな同じ方向に向かっているが、自分にしかできないことは何だろうか？　それを身につけるにはどんな準備をすればよいだろうか。今日の仕事を計画するとき、自分なりのやり方、自分にしかできないことを中心に考えよう。

23　電車内

通勤通学でストーリーを考える力をつけよ

乗客を観察して世相を感じ取れ

乗客を俳優だと考えてシナリオを作れ

通勤電車（バス）に乗ったら即、周囲の人々を観察して彼らの性格や生きざまを想像しよう。彼らを俳優だと考え、頭の中でドラマの脚本を即興で創作してみる。人が入れ代わったら出演者が変わったことにして脚本を書き換えてみる。人々が現代社会でどのように生き、どのように人間関係を織りなしていくかを想像する力がつく。

24　バス

窓から街を観察せよ

街、人、店の変化を発見せよ

矛盾や不思議を探せ

バスの窓から見える外の景色を観察しよう。お店や歩いている人から、その街特有の地域性や年齢層などを知ることができる。古き良き街並みやイベントも目に入ってくるかもしれない。道路工事からは都市計画の現状がわかる。道路の混み具合から景気の善し悪しを推測することもできる。

25　自転車

自転車で行動範囲を広げよ

気分転換になり、体力もつく

自転車で散策して季節を感じろ

なるべく自転車で街中を移動しよう。行動範囲が広がり、新しい店や行ったことがない場所、なじみがない人たちの集まりなどを知ることができ、視野が広がる。気になる店や街角があったら自転車を置いて散策しよう。都会では電車やバスより移動時間を短縮できるし、体力がつき、気分転換もできる。周囲を広くとらえられるので新しい発見が増える。

26　寄り道

目的地には30分前に着いて周辺を散策しろ

帰りは寄り道して帰れ

いつも違った道を行け

待ち合わせの場所に30分前には着くようにして、その周辺を散策しよう。通勤で往復するいつもの道ではないからこそ、帰りは寄り道してのんびりと散歩しながら帰り、新しい店、新しい環境があったら立ち寄ってみよう。裏道にひらめきの素あり。みんなが行く道とちょっと違う道を行けば発見があり、みんなが進む道を客観視できる。

27　カフェ

カフェも書斎である

カフェはサロンである

散策中のアイディアはカフェでメモれ

カフェで小説を書くと、来客や店員、通行人などを読み手に見立ててその人たちに語りかけるように文章を綴ることができる。提案書を書くと、提案を受ける側を目の前にしながら相手にわかる文章を書くことができる。歩きながら考え、ちょっとカフェによってその考えをメモる。コワーキングスペースの原型はカフェ。仲間と会話を楽しむのもいい。

28　コンビニ

コンビニはいつでもどこにでもある道具箱

アイディアが浮かんだらコンビニに入れ

形にできる材料が揃っている

アイディアが浮かんだら最寄りのコンビニに寄って、売っているものを材料にし、必要ならのりやはさみなども購入して簡単なサンプル、試作品を工作しよう。アイディア倒れに終わらないように思考と試作を繰り返す。思い立ったら吉日、思い立ったときこそとりあえず身の回りにあるものを利用して試してみると、アイディアからその実現へとステップアップできる。

29　スニーカー

歩く気になるスニーカーを履け

街に出たくなるおしゃれな靴を履け

運動に適した靴を履け

ウォーキングはスポーツの王様だ。道具も準備もいらず、どこでも誰でもできる。特殊な能力も必要なく、けがも少ない。履いて出かけたくなる靴、新しい店やイベントなどを見て歩く気になるおしゃれな靴を買って靴箱の一番手前に置いておこう。運動のためにはけがをしないよう、運動の種類に適したシューズを奮発して買っておく。

30　カバン

カバンを開けばどこでも書斎に

タブレット、スケッチブック、文房具

いつでも創作を始められるようにしておけ

デスクワークでは01発想はできない。カフェや公園、図書館、博物館、美術館に出かけて考えよう。どこでも書斎になるように、カバンにタブレット、スケッチブック、本、資料、おもちゃ（こまなど、遊べるもの）を入れておく。思いついたらどこでも気楽に創作活動が始められる用意をしておこう。

31　スマホ

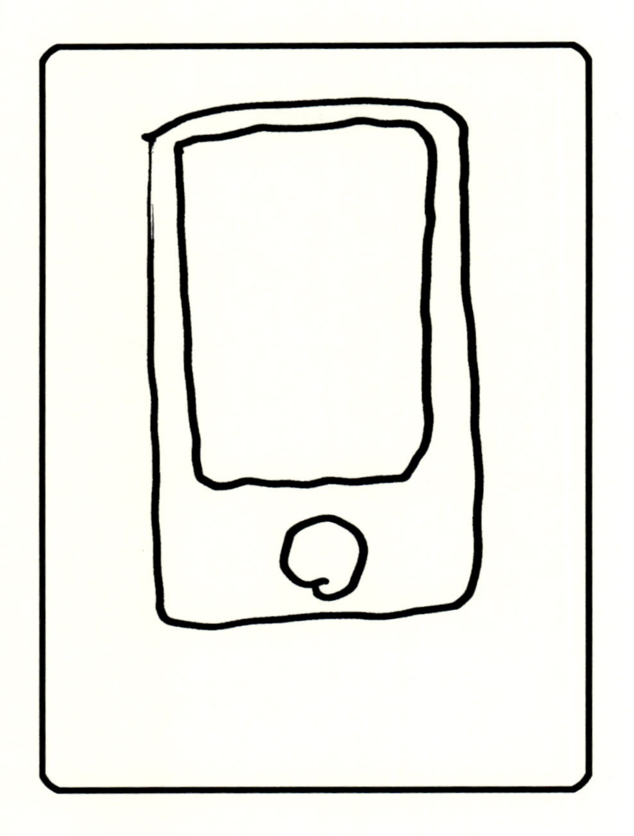

スマホでカメラマン、記者、絵描きになれ

スマホは発想支援ツールと心得よ

アナログツールと交互に使うことも忘れるな

スマホは最強の発想支援ツールだ。検索辞書、SNSコミュニケーション、スケジュール共有、クリエイティブ制作ツールとしてのカメラ、音声メモなど、1台でこなせる。用途に応じて多種多様なアプリケーションを使いこなし、自分のワークスタイルを築こう。

32　万年筆とスケッチブック

万年筆の手触りが人の喜ぶアイディアを生む

アイディアを手描きの絵や図で表現しろ

片ページを空けておき、あとで書き足せ

パソコンやスマホを使って考えるだけではひらめかない。万年筆のインクの匂いとペンの手触り、紙の質感などが感性を刺激して新しいことを考え出す気にさせてくれる。絵や図を描くことでアイディアは加速する。パソコンではスペースや動作が限られ、思いついたいろいろなことを書き出すには限界があるが、スケッチブックは広範囲に書けるため発想が広がる。スケッチブックは見開きにして片方のページに思いついたことを書き出し、しばらくしてから反対側のページにあとで思いついたことを書き足す。

33　胸ポケット

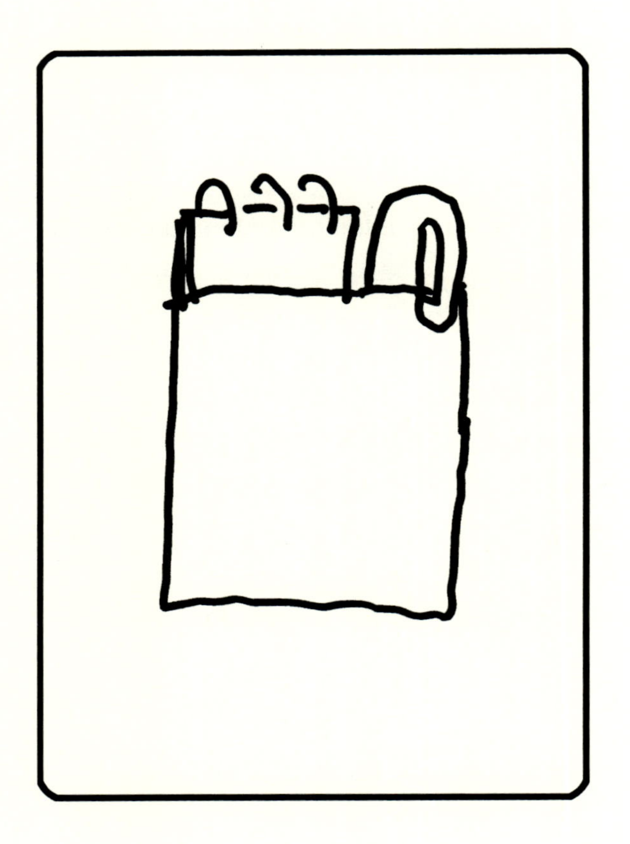

ペンとメモ帳か、スマホをいつもポケットに

思いついたら3秒でメモれ

アイディアメモは日記に書き写せ

最近は胸ポケットをあまり使うことがなくなったが、カバンやポケットに手帳を入れておき、思いついたらすぐ書き留めることは思考型ライフスタイルにとって重要だ。そのために出しやすいところにメモツールを入れておくようにする。メモに書いたことはそのまま放置してしまいがちなので、帰宅したら日記にメモを書き写そう。

34　小説

読書でマンネリ化した現実から離脱せよ

主人公になりきれば未知の世界を疑似体験

自分だったらこう書く、とアレンジしてみろ

いろいろな体験を積めば積むほど幅広い考え方ができるようになる。小説やマンガ、アニメの主人公になりきる疑似体験もよい。小説を書くつもりで小説を読むと、自分だけの小説を生むことができ、想像力が増す。漫画を描くつもりで漫画を読めば自分だけの漫画を創作できる。

35　お金

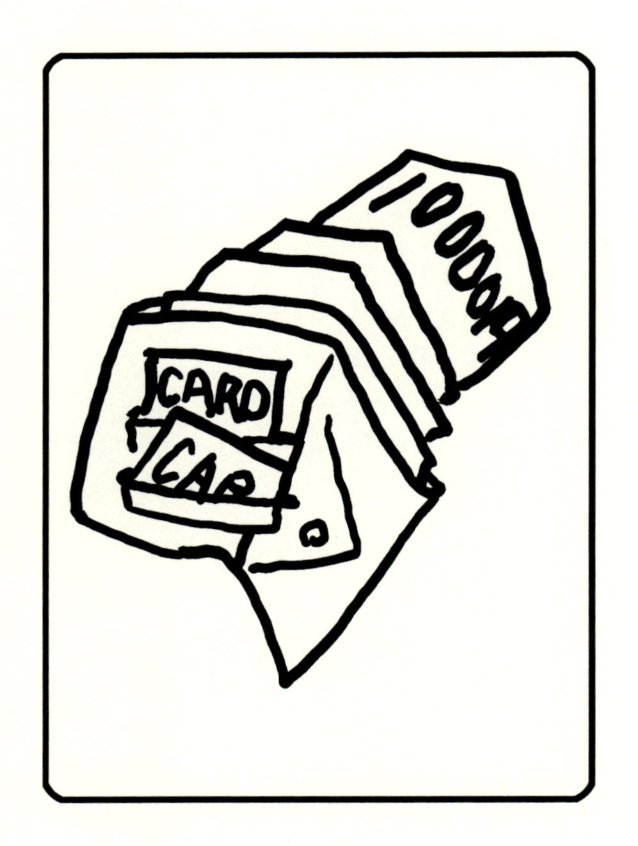

生活の金、投資の金、夢のための金

投資は仕事に役立つことに

夢のためには無駄遣いもせよ

今日を生きるためだけの金は夢を生み出さない。仕事への投資だけでは仕事をこなすにすぎない。創造的な生活を楽しむためには、自分の夢にもお金を使おう。それが自分をやる気にさせ、翻って仕事の成功も導かれる。

36　リュック

旅支度をしておけ

思い立ったらそのまま出かけろ

旅は智慧を鍛える

旅は自分をリフレッシュしてくれるが、旅支度が面倒では出かけるのが億劫になってしまう。思い立ったら10分で出かけられるように、必要最低限のものをリュックに詰めておこう。それが旅を続けるコツだ。災害など緊急時にも役立つ。

37　万能ナイフ

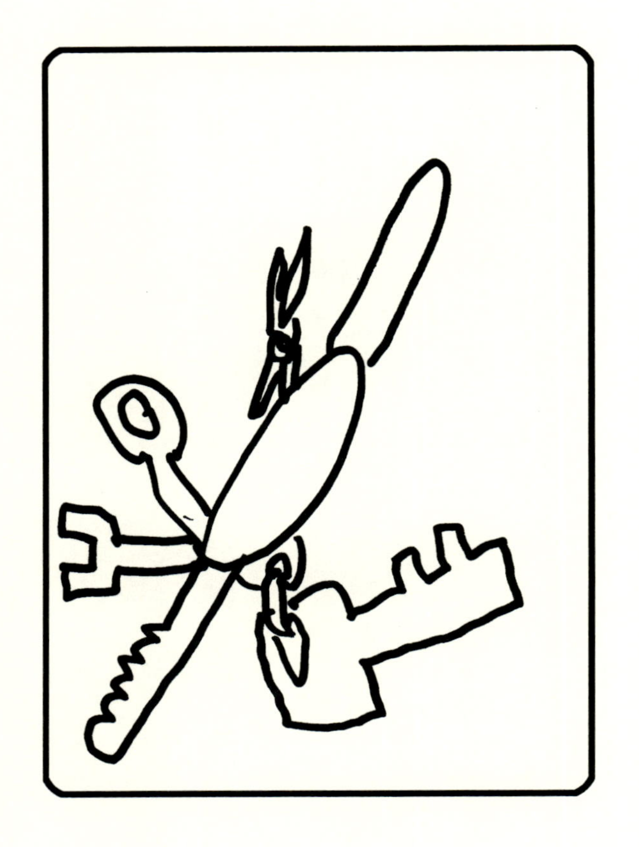

ひらめいたら作る

手を動かして考えよ

万能ナイフを持ち歩け

何かひらめいたら、身の回りのものを材料にして万能ナイフで工作しよう。万能ナイフの用途別ツールを使うと、手の感触を味わいながら創作活動できる。手でものを作ることは人間の本来の能力だ。デジタルで疑似的に作るよりも、実感を伴うことでアイディアを形にしやすい。カッターやセロテープを持ち歩いてもよい。

38　水筒

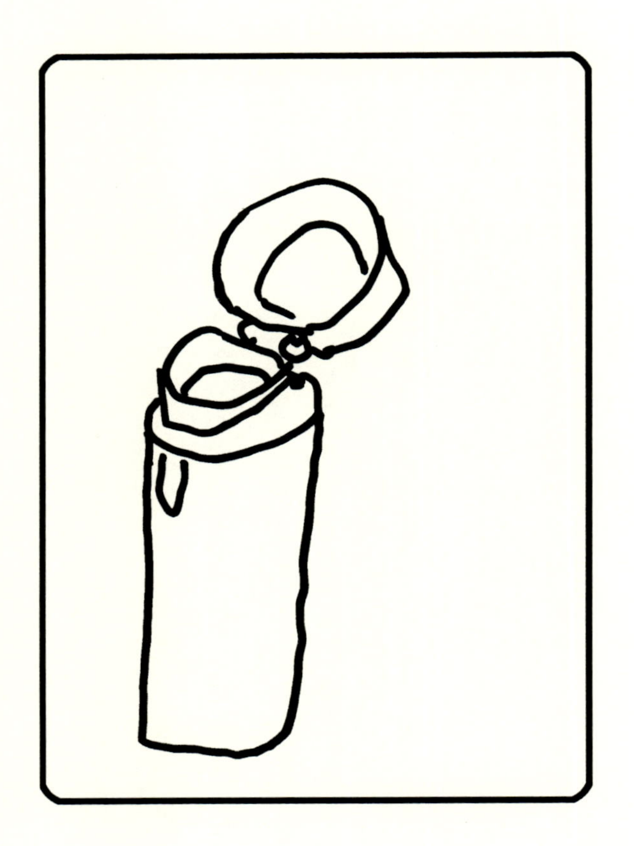

自分で淹れた飲み物を水筒に入れて持ち歩け

いつでも一息入れられる安心感

小さな休息が創作活動を続けるコツ

いつでも水分を取れる水筒を持ち歩くことは安心感をもたらす。思考中でも水分を取りながら一息入れると、創作活動を続けることができる。自販機で買うペットボトルよりも、自分で作った飲み物を自分で体の中に入れると、体の中から豊かさが広がる。それが豊かなひらめきにつながる。

39　本屋

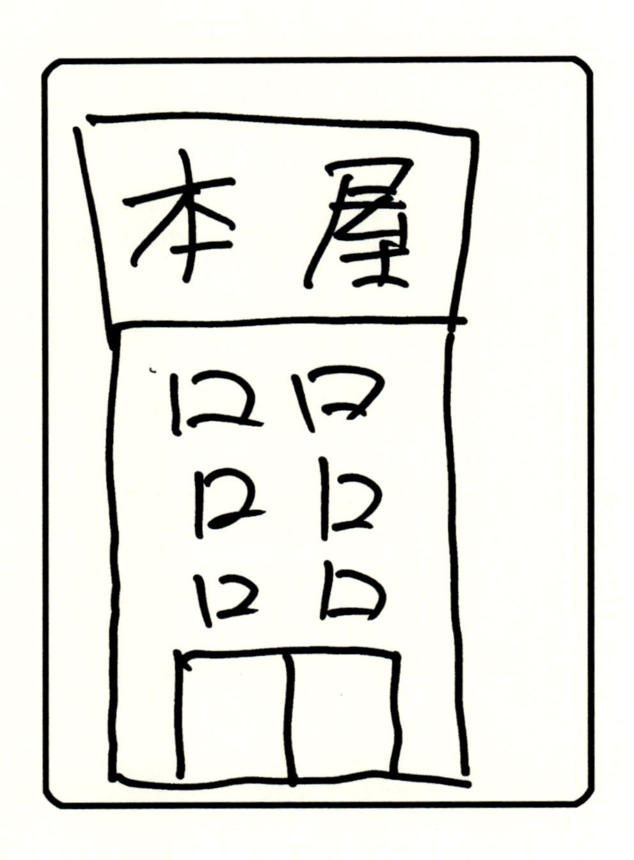

本屋を待ち合わせ場所に使え

新刊本からトレンドを知れ

全ジャンルを一通り見て回れ

本屋に定期的に行って知識教養を高めよう。誰かと待ち合わせする場所を本屋にして少し早めに行き、店内を1周する。平台に乗っている新刊本は、今の時流やトレンドを教えてくれる。本棚を一通り見て回るだけでも自分が偏ったジャンルに固執していることに気づき、広い視野を取り戻せる。

40　会話

自分の提案から会話しろ

井戸端会議、立ち話、歩きながら話せ

笑い話を忘れない

会話は新しいことを考え出す最適環境である。しかし、会議からはアイディアは出ない。井戸端会議や立ち話をし、歩きながら話そう。会話のコツは自分から提案すること、面白い話をすること、笑い話を中心にすること。同じ目線、平等の意識でお互いの提案を受け入れる姿勢が、新しい考えを生み出す。

41　昼ごはん

仕事は午前中で終わらせよ

昼ごはんは仕事終了の合図

午後は外に出て人に会え

仕事は午前中で終わりにする。昼ごはんはそのための区切りである。クリエイティブ思考は膨大なエネルギーを必要とするので、1日中続けることはできない。仕事は午前中で終わりと決めると集中力が増し、クリエイティブでパワフルな思考型業務に切り替えられる。午後は人に会ったり、現場に出かけたりして、次につながるネタを集めるために行動しよう。

42　居酒屋

ノミュニケーションを大切にせよ

世間話が地に足のついたアイディアを生む

いろいろな人と飲み食いせよ

ノミュニケーションは会議に勝る。週1で腹を割って話せる仲間と熱く夢を語ろう。明日に目を向けてがんばる意欲を保てる。自分の世界の現状を話し、広く他の事情とすり合わせることで自分の立ち位置がわかる。自分の専門分野以外の人の話、関心がなかった分野の話を飲みながら聞くことで新たな息吹を得られる。

43　財布

お金の大切さを忘れないための現金払い

収支管理のためのカード決済

勝負プレゼンには財布に大金を入れていけ

財布の中には、自分への投資になるものに出合ったらその場で購入できるよう、一定の現金を用意しておこう。10万円で何が買えるかよりも、10万円は何の投資の元手になるかを考える習慣をつけることが明日につながる。定期的な支出はカード決済にしておけば管理しやすい。勝負プレゼンには、現金10万円なり、100万円なりを身につけて挑むと負ける気がしなくなる効果もある。

44　腕時計

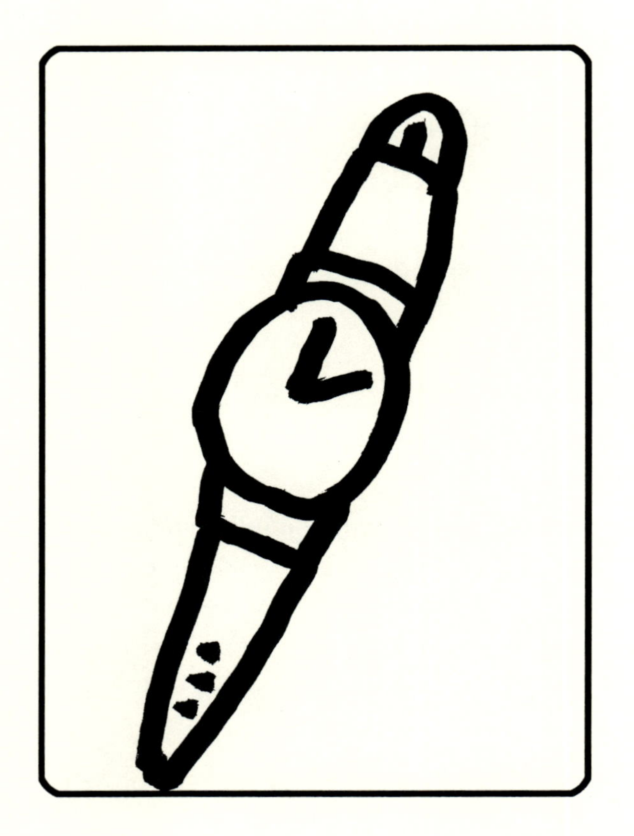

腕時計をして時間を大切にする意識を持て

時間に区切りをつけろ

ゆとりの時間を死守せよ

あえて腕時計をすることで意識的に時間を大切にしよう。腕時計の時間を見ることで時間の区切りをつけるようになるため、タイムマネジメントがしやすくなる。ぼーっとする時間や休息の時間を忘れないようにでき、やる気エネルギーを持続することにつながる。腕時計に慣れると、文字盤を目視しながら何時から何時までゆっくりできると認識でき、安心して休息が取れる。

45　おもちゃ

おもちゃを持ち歩け

何かとおもちゃで遊べ

会話の始めに一緒に遊べ

リラックスしてワクワクしながらアイディアを出したいときにはおもちゃを使って遊ぼう。こまやボールなど、ポケットにいつも小さなおもちゃを入れておき、遊びながらアイディア出しをしよう。会議のときも出席者全員でおもちゃを持ち寄り、テーブルで披露して自慢しながら見せ合うことで場が盛り上がり、アイディア出しが活発になる。

第4章

机回りから発想するカード

考えをまとめる場となる書斎や机回りからは、クリエイティブな思考を阻害するものは追放してしまおう。小さなアイディアを大きなアイディアにまとめあげていく空間を作るためのヒントを9枚のカードから探そう。

46　デスク

机の上には多くの紙を置くな

事務はクラウドで済ませよ

デジタルとアナログを交互に使え

事務作業がクリエイティブを阻害する。だから可能な限りクラウドサービスやウェブアプリで済ませ、机回りは新しいことを考え出すための環境にしておこう。机の上にはパソコンとスケッチブックを置いて、アナログとデジタルの両方を交互に使いながら思考を形にしていく。『思考カード』など、発想のためのノウハウ辞典を置いて困ったら逆引きしよう。

47　書斎

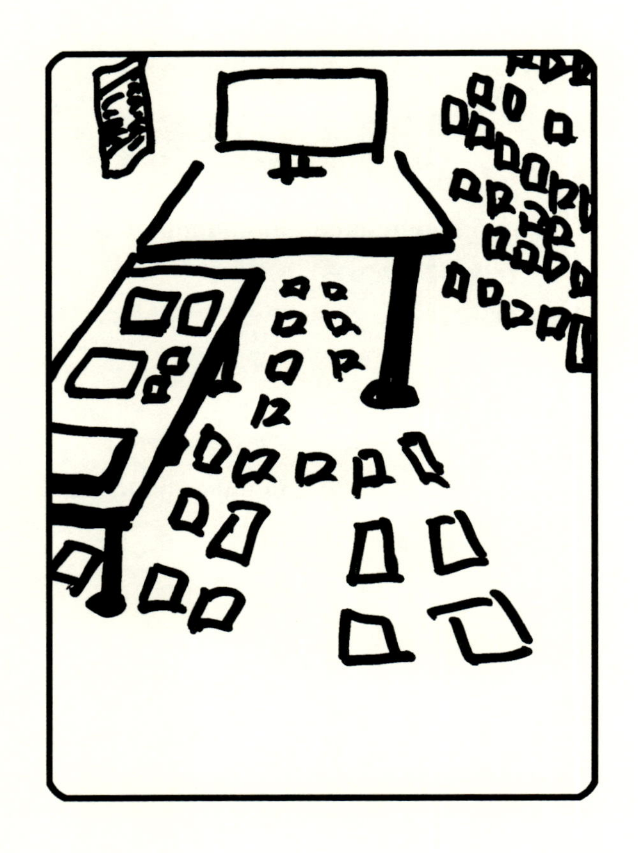

小さくてよいから書斎を持て

自分だけの思考空間にしろ

空間を重視しろ

書斎は究極の思考をするための宇宙空間であると考える。机や書籍、資料、原稿を整理しておき、空間があるとそこに座るだけで落ち着いてものを考える生活のリズムができあがる。自分だけの空間を持てば創造的な生活スタイルを送れる。

48　積ん読

積ん読で雑学しろ

文字を読め、文字を書け

自分の表現のために本を読め

雑学は新しいことを気づかせてくれる。積ん読は何かのときのヒントになる。ただ読むだけでなく文字を書くために文字を読もう。自分の表現のために本を読むと、書き手の技術がわかるようになる。どの言葉を、どの文章を、どう構成すると、人はどのように反応するかを学ぶことで文章力をつけよう。

49　ポストイット

ポストイットにアイディアを書け
壁にアイディアメモを貼って整理せよ
配置を変えながら組み合わせを楽しめ

ポストイットを使ってアイディアをまとめると効率がよい。ポストイット1枚につきキーワード1つにするのがコツだ。それらを壁に広げて貼り、しばらく眺めてから、脳裏に広がったストーリーやイメージにそってポストイットを貼り替えて整理していこう。アイディアは単発で考えるのではない。たくさん出したアイディアをどう組み合わせるか。1つの形に合体させたり、物語にしたりすることが、現実に役立つことにつながる。

50　床

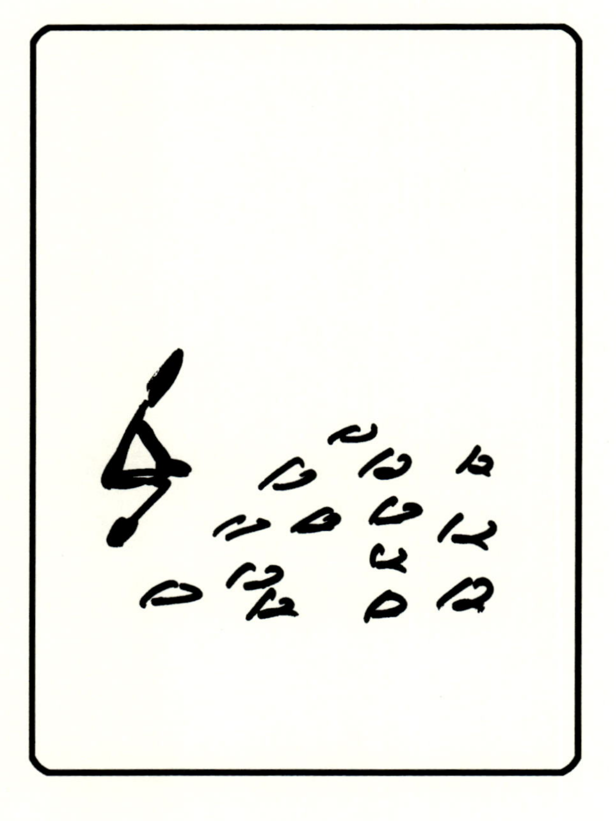

カゴに入れたアイディアメモを床に広げよ

広げたメモを眺めよ

メモとメモが結びついて物語が生まれる

紙のメモを使うと、書き出す大きさや形の制約なしに絵や図を描くことができ、床に並べてたくさんのメモを一見して整理できる。カゴに入れアイディアメモを時々床に広げ、眺めて物語を創造しよう。1つの物語ができたらカゴに戻す。しばらくするとアイディアメモが増えてくるので、また床に並べて考えると、前回と違う物語や新しいイメージが生まれてくる。それを書き留めて提案書を作ったり物語にしたりしてみよう。

51　著書

著書は思考の集大成である
自分の考えを公にせよ
共感者が集まってくる

他者に企画を売り込む（プッシュする）よりも、自分の考えを先に公にすることで共感者が集まってくる（プルする）時代だ。そのために、電子書籍など気軽に出版できる手段も利用して、自分の考えを一冊の本にまとめてみよう。それを読んで共感してくれた人と組めばいい。

52　夢メモ

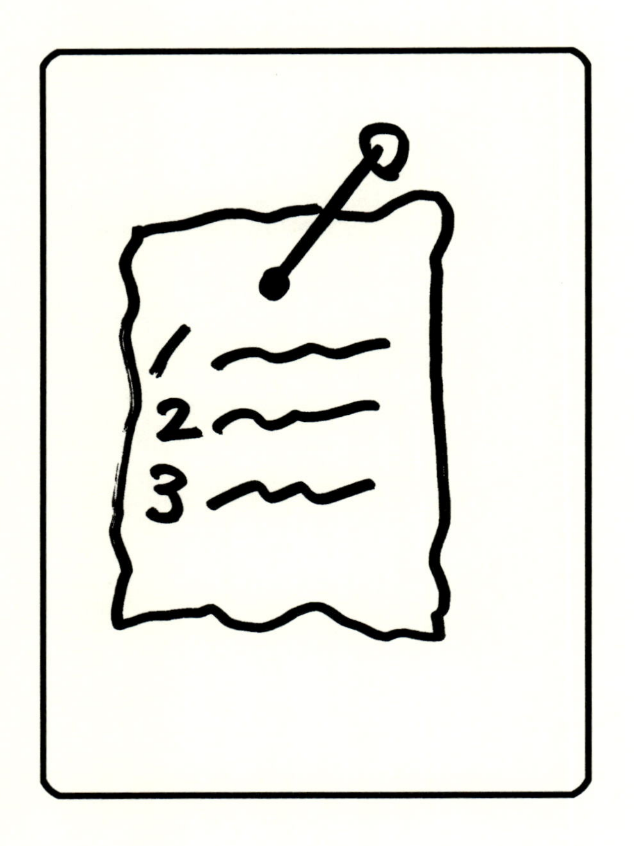

夢を箇条書きにしてベッドに貼っておけ

毎晩、寝る前に見ると夢につながる

いい夢を見て、いい目覚めがある

将来、自分のやってみたいこと、なりたい自分を箇条書きに紙に書いてベッドに貼っておこう。夢メモは毎日見ると実現する可能性が高くなる。メモ内容はすぐにできることでなくてもいい。自分の思い描くことを並べるだけでいい。ベッドの脇に貼っておき、寝る前に自分の夢を再確認できる。寝ている間に１日に起こった出来事は整理される。朝起きたときに夢を中心に１日行動しようと前向きに考えるスタイルができ、目覚めの良い朝を迎えられる。

53　日記帳

今日できたことだけ日記につけよ やり残したことは未来日記に回せ 変化への対応力がつく

日記には、感情的な内容ではなく、今日の出来事を時系列で具体的に書こう。あとでその時の状況が脳裏に浮かぶように、絵付きで記載するのもよい。アイディアメモは、思いついたその日に日記に転載しておくと、日時をたどってあとで思い出せる。日記には今日できたことを書き、できなかったことは未来日記に回して日記も予定も更新していこう。できなかったことにくよくよしなくなり、臨機応変に行動できるようになる。

54　伸び

机を立つとき伸びをせよ

椅子に座ったらストレッチせよ

2時間以上座るな

同じ姿勢でいると血行が悪くなり、筋肉がかたくなる。脳に運ばれる酸素も減り、発想力、思考力が低下する。意識的に頻繁に伸びをしたり、ストレッチをしたりしよう。デスクワークは2時間以上しないこと。頭を使う仕事はリラックスして頭をやわらかく保つ努力をすることが大切だ。お茶を淹れる、散歩する、音楽を聴くなど、自分なりのリラックス術を仕事の合間に取り込もう。

著者紹介

久保田 達也（くぼた たつや）

通称くぼたつ。サンリオ、東急ハンズ、電通などの企画業務を歴任し、1985年に株式会社イッツ設立、代表取締役に就任。人間本来の発想能力とネットワーク世界との相互関連性を研究、開発するかたわら、ビジネスマンや学生に向けた講演・セミナーを多数行っている。著書に『企画エクササイズ』『くぼたつ式思考カード54 新しいことを考え出す知恵と技術』（インプレスR&D）、『企画とプレゼンの技術』（日本実業出版社）、『新版 勝てる企画の技術』（ダイヤモンド社）がある。

思考カードのアプリ版　https://kubotatu-juku.com/

◎本書スタッフ
アートディレクター/装丁：　岡田 章志
編集協力：　有須 晶子
デジタル編集：　栗原 翔

●お断り
掲載したURLは2017年2月24日現在のものです。サイトの都合で変更されることがあります。また、電子版ではURLにハイパーリンクを設定していますが、端末やビューアー、リンク先のファイルタイプによっては表示されないことがあります。あらかじめご了承ください。

●本書の内容についてのお問い合わせ先
株式会社インプレスR&D　メール窓口
np-info@impress.co.jp
件名に「『本書名』問い合わせ係」と明記してお送りください。
電話やFAX、郵便でのご質問にはお答えできません。返信までには、しばらくお時間をいただく場合があります。なお、本書の範囲を超えるご質問にはお答えしかねますので、あらかじめご了承ください。
また、本書の内容についてはNextPublishingオフィシャルWebサイトにて情報を公開しております。
http://nextpublishing.jp/

●落丁・乱丁本はお手数ですが、インプレスカスタマーセンターまでお送りください。送料弊社負担に てお取り替えさせていただきます。但し、古書店で購入されたものについてはお取り替えできません。
■読者の窓口
インプレスカスタマーセンター
〒 101-0051
東京都千代田区神田神保町一丁目 105番地
TEL 03-6837-5016／FAX 03-6837-5023
info@impress.co.jp
■書店／販売店のご注文窓口
株式会社インプレス受注センター
TEL 048-449-8040／FAX 048-449-8041

くぼたつ式思考カード54　ライフスタイル編

今日から始めるアイディア発想型生活術

2017年3月10日　初版発行Ver.1.0（PDF版）

著　者　久保田 達也
編集人　錦戸 陽子
発行人　井芹 昌信
発　行　株式会社インプレスR&D
〒101-0051
東京都千代田区神田神保町一丁目105番地
http://nextpublishing.jp/
発　売　株式会社インプレス
〒101-0051　東京都千代田区神田神保町一丁目105番地

印刷・製本　京葉流通倉庫株式会社
Printed in Japan

ISBN978-4-8443-9756-4

NextPublishing®

●本書はNextPublishingメソッドによって発行されています。
NextPublishingメソッドは株式会社インプレスR&Dが開発した、電子書籍と印刷書籍を同時発行できるデジタルファースト型の新出版方式です。 http://nextpublishing.jp/